WER IST MALALA YOUSAFZAI?

WER IST MALALA YOUSAFZAI?

von Dinah Brown

Illustriert von Andrew Thomson

Coverillustration von Alexandra Helm

This edition published by arrangement with Penguin Workshop, an imprint of
Penguin Young Readers Group, a division of Penguin Random House LLC.

Coverillustration: Alexandra Helm
Übersetzung: Simone Fischer
Satz deutsche Ausgabe: Julia Groier-Bleiweis

www.adrian-verlag.de
Adrian & Wimmelbuchverlag GmbH
Friedrichstraße 126, 10117 Berlin

ISBN-13: 9783985850327
Printed in EU 2022

INHALT

WER IST MALALA YOUSAFZAI?

Als Malala Yousafzai (Mah-LAH-lah Yu-sahf-zei) als kleines Mädchen in Mingora in Pakistan lebte, beschloss sie, Ärztin zu werden, wenn sie einmal groß ist. Sie wusste, dass sie dafür viele Jahre lang zur Schule gehen und sehr fleißig lernen musste. Aber das machte Malala überhaupt nichts aus. Sie liebte die Schule über alles. Sie liebte das Lesen. Sie liebte Geschichte, Geografie und Naturwissenschaften. Sie liebte es, etwas über Religion zu lernen. Es machte ihr Spaß, Geschichten zu schreiben und diese ihren Mitschülern vorzulesen.

Wenn ihre Lehrerin ein neues Thema vorstellte, konnte Malala es kaum erwarten, mehr darüber zu erfahren. Die Klassenarbeiten waren schwierig, aber sie machten auch Spaß, vor allem, wenn sie sich gut vorbereitet hatte und die Antworten wusste.

Als Malala zehn Jahre alt war, änderte sich ihr Leben jedoch schlagartig. Der Krieg kam nach Mingora, der Stadt, in der sie lebte. Eine Gruppe gewalttätiger Kämpfer namens Taliban hatte ihr geliebtes Swat-Tal übernommen. Diese Männer verkündeten, dass Mädchen bald nicht mehr zur Schule gehen dürften. Jungen durften das weiterhin. Nur Mädchen nicht.

Die Taliban begannen damit, Mädchenschulen zu zerstören. Daraufhin schritt die pakistanische Armee ein, um sie aufzuhalten. Mingora wurde zu einem Kriegsgebiet. Es war sehr gefährlich. Die Menschen hatten Angst, ihre Häuser zu verlassen.

Malala fragte sich, wie sie jemals Ärztin werden könnte, wenn sie nicht lernen durfte. Sie wünschte sich, sie könnte etwas tun, damit ihre Schule offen bliebe. Viele Schulen waren geschlossen, und nur wenige Schüler trauten sich in die Schulen zu gehen, die noch geöffnet waren. Aber Malala ging jeden Tag zur Schule.

Malala äußerte ihre Meinung in der Öffentlichkeit. Sie erzählte den lokalen Zeitungen, dass sie Angst davor hatte, dass die Taliban ihre Schule schließen würden. Sie sprach darüber, wie beängstigend ihr Leben geworden war. Sie erklärte, dass sie sich mehr als alles andere wünschte, zur Schule zu gehen.

Malala wurde berühmt. Die Leute sprachen über sie. Einige Taliban-Kämpfer erfuhren ihren Namen und beschlossen, sich an ihr zu rächen. Am 9. Oktober 2012 hielten zwei Taliban ihren Schulbus an. Einer ging durch den Bus und suchte nach ihr. Dann schoss er auf Malala.

Malala Yousafzai hatte Glück, dass sie überlebte. Sie wurde in ein Krankenhaus geflogen, wo sie sich erholte.

Hörte sie daraufhin damit auf, ihren Standpunkt zu vertreten?

Nein.

Als es ihr besser ging, setzte sie sich weiter für das Recht aller Kinder auf Bildung ein. Und sie hörte während all dieser Zeit nicht damit auf zu lernen, zu studieren und zur Schule zu gehen.

Am 12. Juli 2013 sprach sie auf der Jugendversammlung der Vereinten Nationen in New York City zu Hunderten junger Menschen. „Hier stehe ich also, ein Mädchen unter vielen“, sagte sie. „Ich spreche nicht für mich selbst, sondern für alle Mädchen und Jungen. Ich erhebe meine Stimme – nicht für mich, sondern um denjenigen, die keine Stimme haben, Gehör zu verschaffen.“

Malala Yousafzai wollte nur eines – Bildung. Sie meldete sich zu Wort, und die Menschen hörten ihr zu. Nach und nach begannen sich die Dinge zu ändern, bis die ganze Welt ihr zuhörte.

KAPITEL 1

EIN MÄDCHEN KOMMT ZUR WELT

Am 12. Juli 1997 wurde Malala Yousafzai in der Stadt Mingora in Pakistan geboren. Vor dem Haus ihrer Eltern brach ein neuer Tag an. Bald würde die Stadt zum Leben erwachen, mit hupenden Fahrzeugen, rufenden Menschen und Musik. Aber jetzt war es noch früh. Die Morgensonne ging gerade hinter den Bergen außerhalb der Stadt auf. Ein Hahn krähte. Der Motor eines Rollers heulte auf.

Wie viele Familien in ihrem armen Viertel konnten sich die Yousafzais weder einen Arzt noch eine Hebamme leisten. Stattdessen kam eine Nachbarin, um das Baby zu entbinden. Als Toor Pekai Yousafzai ihr erstes Kind in die Arme nahm, empfand sie sofort Liebe. Doch in ihrem Herzen herrschte auch Traurigkeit, weil Toor Pekai wusste, was auf dieses kleine Mädchen zukommen würde. Ihre Freunde und Nachbarn in Mingora würden ihre Geburt nicht feiern. Wäre sie ein Junge gewesen, hätten sie Geschenke, Essen und

Gedichte mitgebracht. Toor Pekai war in einem abgelegenen Bergdorf aufgewachsen.

Dort gingen die meisten Mädchen nicht zur Schule. Doch Toor Pekai wollte lernen. Als sie sechs Jahre alt war, ging sie in die Dorfschule. Aber es war so ungewöhnlich, als Mädchen in die Schule zu gehen, dass sie es bald wieder sein ließ.

In Mingora und vielen anderen Gebieten des Swat-Tals war es üblich, dass alle Kinder zur Schule gingen. Die erste Mädchenschule wurde in den 1920er Jahren gebaut. Es folgten Gymnasien und Hochschulen. Die pakistanischen Machthaber waren der Meinung, dass alle Kinder, Mädchen wie Jungen, eine Ausbildung erhalten sollten. Pakistan war stolz auf die Absolventen in der Region Swat, die Lehrer, Ärzte und andere Fachleute wurden.

Malalas Vater war ebenfalls in einem Bergdorf aufgewachsen. Auch er glaubte an die Schulbildung für Mädchen. Als Ziauddin seine neugeborene Tochter sah, war er nicht enttäuscht. Er war stolz. Er würde dafür sorgen, dass sie die gleichen Chancen im Leben haben würde wie jeder Junge.

Drei Jahre zuvor hatte er eine private Grundschule für Jungen und Mädchen gebaut. Seine Schule nannte er Khushal-Schule, und er unterrichtete dort selbst. Ziauddin plante, noch viele weitere Schulen zu bauen. Eine höhere Schule für Mädchen und eine weitere für Jungen, bis jedes Kind in Mingora einen Platz zum Lernen hatte.

Ziauddin war in einer religiösen muslimischen Familie aufgewachsen. Auch sein Vater war Lehrer gewesen. Er lehrte Ziauddin, dass Kinder heilig sind und dass alle Kinder lernen müssen. Er erklärte ihm, dass es wichtig sei, anderen zu helfen. Und Ziauddin hörte aufmerksam zu.

ISLAM

Der Islam ist eine friedliche Religion, die von mehr als einer Milliarde Menschen auf der ganzen Welt praktiziert wird. Die Anhänger des muslimischen Glaubens nennt man Muslime. Der Islam lehrt, dass es nur einen Gott gibt, der in der arabischen Sprache als Allah bekannt ist. Die Worte Allahs sind im heiligen Buch des Islams, dem Koran, offenbart. Muslimische Gotteshäuser werden Moscheen genannt.

Ziauddin war klein für sein Alter. Seine Haut war dunkler als die der anderen Kinder. Er stotterte, wenn er in der Klasse etwas sagen sollte. Manchmal schikanierten oder ignorierten ihn die anderen Kinder. Manchmal fühlte er sich wie ein Außenseiter.

Viele Leute versuchten, ihn zu überreden, gefährlichen Gruppen beizutreten. Sie wollten, dass er auf eine bestimmte Weise dachte. Doch je mehr er las, desto mehr lernte er, sich seine eigene Meinung zu bilden. Als er erwachsen wurde, erkannte er, dass die Schule ihn gerettet hatte.

Nach Malalas Geburt betrachtete Ziauddin seine neugeborene Tochter und überlegte, wie ihr Name lauten sollte. Dieses Kind musste nach einer starken, freien Frau benannt werden. Ziauddin beschäftigte sich mit seinem Stammbaum, der dreihundert Jahre zurückreichte. Doch er fand darin keinen einzigen Mädchennamen. In seiner paschtunischen Kultur gab es allerdings zahlreiche Heldinnen und somit viele Namen, aus denen er wählen konnte. Schließlich beschloss er, das Baby nach einem tapferen jungen Mädchen zu benennen – Malalai von Maiwand –, die ihr Land sehr geliebt hatte.

DAS PASCHTUNISCHE VOLK

Das paschtunische Volk lebt in Afghanistan und in der nordwestlichen Region Pakistans. Viele Paschtunen leben in den Bergen und sind an ein raues Leben gewöhnt.

Im Laufe der Geschichte musste das paschtunische Volk viele Feinde abwehren. Die Paschtunen sind ein stolzes Volk, das seine Traditionen immer verteidigt hat. Sie glauben an Respekt und Großzügigkeit gegenüber anderen Menschen. Sie legen großen Wert auf Loyalität zu ihrer Familie, zu Freunden und Nachbarn. Fast alle Paschtunen sind Anhänger der islamischen Religion.

Ziauddin nahm seinen Stift zur Hand und schrieb den Namen seiner neugeborenen Tochter auf: Malala.

MALALAI VON MAIWAND

Es war einmal ein Mädchen namens Malalai. Sie lebte in einer kleinen Stadt in Afghanistan, nicht weit von Pakistan entfernt. Malalai war die Tochter eines Schafhirten.

Im Jahr 1180 versuchten die Briten, Afghanistan zu erobern. Daher zogen viele einheimische Jungen und Männer in den Kampf, um die Briten aufzuhalten. Auch Malalais Vater und der Mann, den sie liebte, schlossen sich den Kämpfern an. In der Nähe von Malalais Heimat fand die sogenannte Schlacht von Maiwand statt. Malalai half dabei, die verwundeten afghanischen Soldaten zu versorgen. Auf keinen Fall wollte sie, dass ihre Landsmänner den Kampf aufgaben. Deshalb nahm sie ihren Schleier ab und schwenkte ihn hin und her. Dann begann sie zu singen:

> Mit einem Tropfen des Blutes meines Geliebten,
> das zur Verteidigung des Vaterlands vergossen wurde,
> werde ich mir einen Bindi auf die Stirn malen,
> der so schön ist, dass er die Rosen im Garten in den Schatten stellt!

Die afghanischen Soldaten hörten ihr Lied, und daraufhin kämpften sie härter und gewannen die Schlacht. Doch während dieses Kampfes wurde Malalai durch einen Schuss getötet.

Malalai von Maiwand ist eine Heldin. Sie ist das Mädchen, das dabei half, das Schicksal zu wenden und die Briten in Afghanistan aufzuhalten.

KAPITEL 2

MIT FLÜGELN GEBOREN

Als Malala zwei Jahre alt war, wurde ihr Bruder Khushal geboren. Die Nachbarn brachten Geschenke, aßen und lachten. Die Zukunft dieses kleinen Jungen sei voller Möglichkeiten, sagten sie, während sie feierten. Vielleicht würde er sogar auf eine Universität gehen. Möglicherweise würde er Arzt werden oder Lehrer wie sein Vater.

Ziauddin war sich bewusst, dass Malala zuhörte. Er war ein höflicher Mann, der seine Gäste nicht beleidigen wollte, indem er darauf hinwies, dass die Schulen, die er in Mingora baute, für Jungen *und* Mädchen waren. Vielleicht würden Khushal und Malala *beide* auf eine Universität gehen und Ärzte werden.

Malala liebte das Schulzimmer ihres Vaters. Als sie noch klein war, stellte sie sich manchmal vorne in das leere Klassenzimmer und tat so, als sei sie die Lehrerin.

Als Malala etwas größer war, half sie ihrer Mutter gerne bei der Zubereitung der Mahlzeiten. Nachdem die Familie aus ihren beengten Räumen neben der Schule weggezogen war, konnte Malala es kaum erwarten, ihrer Mutter im neuen Garten zur Hand zu gehen.

Jetzt hatten sie mehr Platz. Abends versammelten sich oftmals die Nachbarn auf der Veranda und aßen die Speisen, bei deren Zubereitung Malala geholfen hatte.

Manchmal saß sie mit den Frauen zusammen. Sie unterhielten sich über ihren Tag und beobachteten den Sonnenuntergang über den Bergen, der sich jenseits der Seen und Weiden im schönen Swat-Tal zeigte.

Aber meistens saß sie bei den Männern. Sie hörte ihnen gerne zu, wenn sie Geschichten austauschten und über Politik sprachen. Oft rezitierte ihr Vater Gedichte oder sprach über Helden wie ihre Namensvetterin, Malalai. Manchmal trug er auch Gedichte seines Lieblingsdichters Rumi vor.

Später berichtete Malala, dass ihr Vater ihr ermöglicht hatte, sich zu entfalten. „Er hat mir dazu nichts Besonderes geschenkt“, erklärte sie, „aber er hat mir nie die Flügel gestutzt. Er ließ mich fliegen. Er ließ mich meine Ziele erreichen.“

DIE GEDICHTE VON RUMI

Malala wuchs mit den Gedichten des großen Dichters Rumi auf. Rumi wurde am 30 September 1207 im Gebiet des heutigen Afghanistans geboren. Er sprach und schrieb über das, was er für das Wichtigste im Leben hielt.

Dies sind einige seiner Weisheiten:

Ignoriere die Menschen, die dir Angst einjagen
und die, die dich traurig machen.

Ich will singen wie die Vögel singen,
ohne mich zu sorgen, wer zuhört
oder was die anderen denken.

Gib dich nicht mit Geschichten zufrieden,
wie die Dinge bei anderen gelaufen sind.
Entfalte deinen eigenen Mythos.

Sei eine Lampe oder ein Rettungsboot oder eine Leiter.
Hilf jemandem, seine Seele zu heilen.
Gehe wie ein Hirte aus deinem Haus.

In dir steckt ein Künstler, von dem du nichts weißt.

KAPITEL 3

ZU HAUSE IN MINGORA

Als Malalas zweiter Bruder Atal geboren wurde, besuchten bereits mehr als achthundert Kinder Ziauddins Schulen. Es gab eine Grundschule für Jungen und Mädchen und eine weiterführende Schule für Jungen sowie eine weiterführende Schule für Mädchen.

Malala war sieben und Khushal fast fünf Jahre alt, als ihr kleiner Bruder zur Welt kam.

Wie die meisten pakistanischen Familien nahm auch Malalas ganze Familie ihre Mahlzeiten gemeinsam ein. Das Frühstück wurde sehr früh serviert. Danach gingen die Männer und Jungen zum Beten in eine nahe gelegene Moschee, einen Ort der Anbetung. Die Frauen und Mädchen verrichteten ihre Gebete zu Hause.

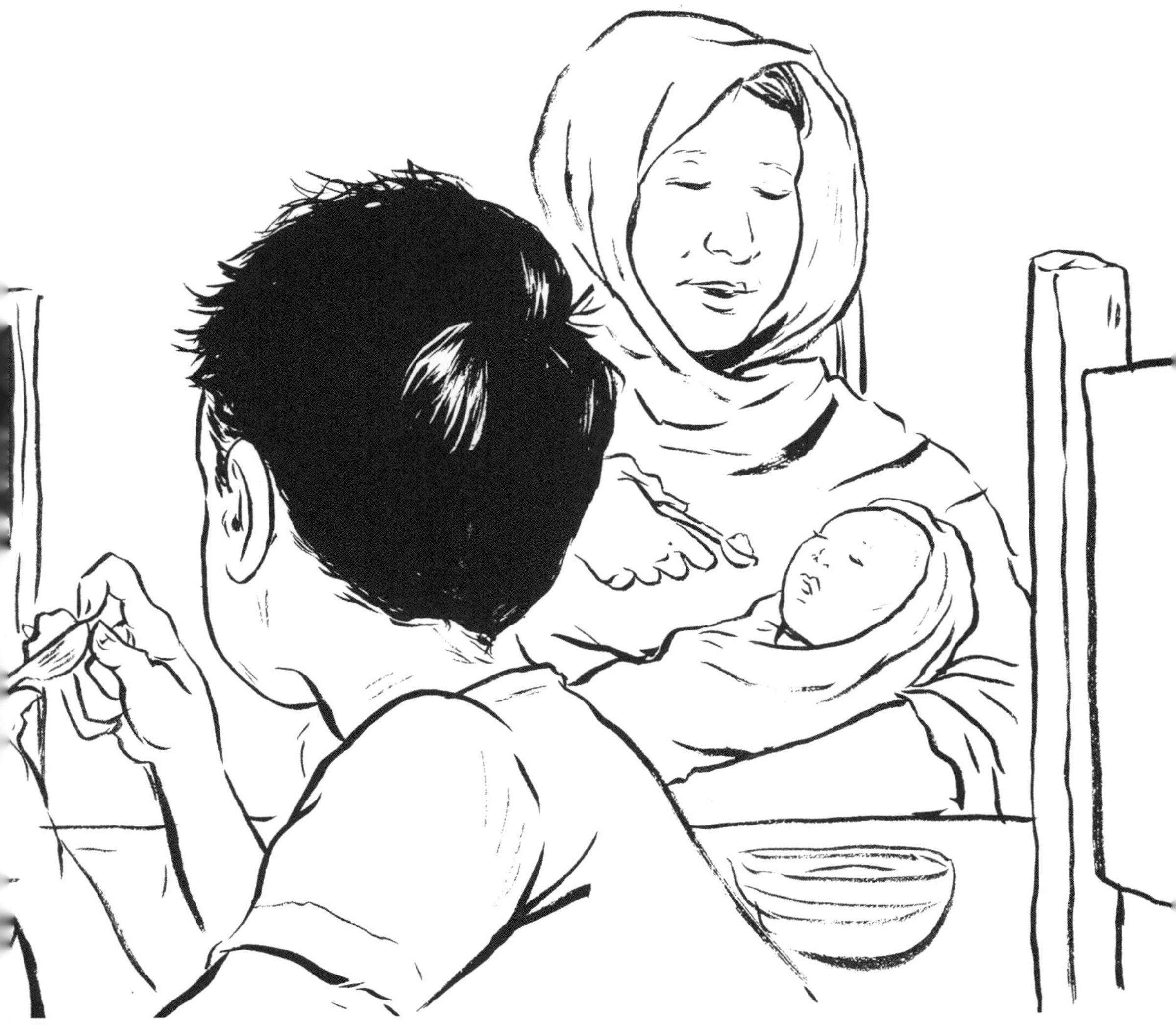

In der Schule ihres Vaters belegte Malala viele Kurse. Sie lernte drei Sprachen – Paschtu, Englisch und Urdu, die offizielle Sprache Pakistans. Außerdem lernte sie Mathematik, Naturwissenschaften, Geschichte und Islamkunde.

Auch ihre Mutter, Toor Pekai, wollte unbedingt etwas lernen. Sie konnte weder lesen noch schreiben, aber sie hörte ihrer Tochter gerne zu, wenn sie über das sprach, was sie an dem betreffenden Tag in der Schule gelernt hatte.

Wie die meisten Kinder in ihrer Klasse sprach auch Malala zu Hause Paschtu. In der Schule unterrichteten die Lehrer auf Englisch und Urdu. Bald sprach und verstand Malala alle drei Sprachen problemlos.

Einige Familien zahlten ein paar Dollar im Monat, damit ihre Kinder Ziauddins preisgünstige Privatschulen besuchen konnten. Andere Kinder konnten es sich nicht leisten, etwas zu bezahlen, aber ihr Vater nahm sie trotzdem auf.

Da Ziauddin und seine Familie jetzt ein wenig mehr Geld hatten, kauften sie CDs und Bücher. Malala liebte es zu lesen. Nachdem sie die Twilight-Reihe beendet hatte, dachte sie, dass es bestimmt lustig wäre, ein Vampir zu sein!

Die Yousafzais kauften auch einen Fernseher. Manchmal sahen sie sich Sendungen aus Islamabad, der Hauptstadt Pakistans, an. Und hin und wieder schauten sie auch Sendungen aus fernen Ländern, wie England, Australien und Amerika. *Ugly Betty,* eine Fernsehserie über ein Mädchen, das bei einer Zeitschrift arbeitete, war eine von Malalas Lieblingssendungen.

Malala wurde bewusst, dass die Menschen an verschiedenen Orten anders sprechen, sich anders kleiden und sich anders verhalten.

Ihre Eltern erklärten ihr, dass die Menschen zwar unterschiedlich aussehen, dass aber vor allem ihr Inneres wichtig sei, also wie die Menschen denken.

Malala ging gerne mit ihrer Mutter auf den Markt, weil es dort so viele verschiedene Stände gab. Sie kaufte kleine Spielsachen, Süßigkeiten und Glitzerarmbänder. Gerne durchstöberte sie die Stände mit bunten Schals und den neuesten DVDs. Sie schaute auch dem Schuster bei der Herstellung von Schuhen zu und half ihrer Mutter dabei, Obst und Gemüse auszusuchen.

Als sie älter wurde, verbrachte sie immer mehr Zeit mit den Frauen und weniger Zeit mit den Männern. Doch sie servierte den Männern oft Tee und blieb dann dort, um ihnen zuzuhören. Als sie acht oder neun Jahre alt war, wurde mehr über Politik als über Poesie gesprochen, und je mehr sie hörte, desto interessierter wurde sie.

Jemand erwähnte den Krieg im Nachbarland Afghanistan. Dort war eine strenge und gewalttätige Gruppe an der Macht – die Taliban. Diese Gruppe zwang die Frauen, strenge Gesetze zu befolgen. Mädchen und Frauen durften das Haus nicht verlassen, es sei denn, sie waren in Begleitung eines Mannes. Und dieser Mann musste ein Verwandter sein. Frauen durften nicht außerhalb des Hauses arbeiten. Mädchen durften nicht zur Schule gehen. Viele Frauen, die sich den Gesetzen der Taliban widersetzten, wurden schwer verprügelt oder sogar hingerichtet.

Jemand erwähnte einen Mann, der in einem lokalen Radiosender darüber sprach, dass alle Mädchen in Mingora nicht mehr zur Schule gehen sollten.

Malala konnte es nicht glauben. Wie konnte jemand nur sagen, dass Mädchen nicht zur Schule gehen sollten? Im Gegensatz zu ihrem Bruder Khushal machte sie gerne Hausaufgaben, schrieb gerne Aufsätze und lernte sogar gerne für Klassenarbeiten. Sie hatte viele Preise gewonnen, weil sie die besten Noten bekam und Klassenbeste war. Sie liebte all die Schulbücher, die ihr Vater für seine Schüler besorgt hatte. Außerdem sprach sie gerne vor der Klasse und fand es gut, dass sie ihre Freundinnen jeden Tag sah, vor allem ihre Freundin Moniba. Moniba war auch klug. Oft gerieten sie und Malala in dumme Streitereien. Aber das bedeutete nicht, dass sie nicht die besten Freundinnen waren.

Malala konnte sich nicht vorstellen, wie ihr Leben aussehen würde, wenn sie nicht zur Schule gehen dürfte. Sie hatte Angst.

KAPITEL 4

GEFÄHRLICHE ZEITEN

Als Malala noch klein war, besuchten viele Touristen das Swat-Tal. Manche kamen wegen der sommerlichen Musik- und Tanzfestivals. Andere verbrachten ihre Zeit am Swat-Fluss oder kletterten in den Bergen. Die Touristen waren oftmals ganz anders gekleidet als die Menschen in Swat. Malala wusste, dass Frauen und Mädchen in verschiedenen Teilen der Welt unterschiedlichen Bräuchen folgten.

Malala war auch bewusst, dass die Swat-Region nicht so modern war wie andere Orte in Pakistan. In der Großstadt Islamabad gab es Frauen, die sich wie die Frauen in Europa und den Vereinigten Staaten kleideten, die Malala im Fernsehen gesehen hatte. Die meisten Frauen und Mädchen in Mingora kleideten sich jedoch nicht auf diese Weise. Sie hüllten ihre Körper in Schals oder Umhänge, wenn sie das Haus verließen. Und sie trugen Kopftücher.

In dem Bergdorf ihrer Mutter kleideten sich die Frauen oft noch traditioneller.

Wenn sie das Haus verließen, trugen sie einen Ganzkörperschleier namens Burka. Die Burka bedeckte den ganzen Körper und das Gesicht, wo nur ein kleiner Ausschnitt vor den Augen war, durch den sie sehen konnten.

Im Jahr 2007 war Malala zehn Jahre alt. Zu diesem Zeitpunkt hatten die Taliban das Swat-Tal unter ihre Kontrolle gebracht. Sie verlangten, dass alle Frauen Burkas tragen mussten. Die Taliban wollten allen Frauen die Freiheit nehmen. In einem Radiosender verbreitete ein Taliban-Mann beängstigende Dinge.

Er verkündete, dass Mädchen und Frauen in Mingora nicht nur Burkas tragen, sondern auch zu Hause bleiben sollten. Sie durften nicht mehr allein auf den Markt gehen. Sie durften nur noch in Begleitung eines männlichen Verwandten ausgehen. Frauen, die sich nicht an diese Regeln hielten, würden bestraft werden.

War das alles?

Nein!

Frauen durften nicht mehr wählen. Sie durften keinen Beruf ausüben. Es würde also keine Ärztinnen mehr geben. Aber Frauen durften nicht zu männlichen Ärzten und auch nicht in Krankenhäuser gehen. Das bedeutete, dass es für kranke Frauen nun keine Möglichkeit mehr gab, behandelt zu werden. Musik und Tanzen wurden verboten. Alle Fernsehgeräte, CDs und Computer wurden verbrannt. Nur religiöse Bücher durften gelesen werden. Man kündigte an, Mädchenschulen zu zerstören, wenn sie nicht geschlossen würden.

Lehrer und Schulleiter, die weiterhin Mädchen unterrichteten, würden bestraft werden.

Der Mann sagte, dass gute Muslime Mädchen niemals erlauben würden, zur Schule zu gehen. Malala wusste, dass das nicht stimmte. Denn ihre Familie, Freunde und Nachbarn waren alle gute Muslime. Sie waren tief religiös und beteten jeden Tag. Sie glaubten aber auch, dass jedes Kind eine Schulbildung erhalten sollte. In ihrer Religionsschule hatte Malala gelernt, dass Muslime an Frieden und Freundlichkeit gegenüber anderen glaubten.

Eines Abends kam ein Mann zu Malalas Haus und forderte Ziauddin auf, seine Mädchenschule zu schließen. Malalas Vater weigerte sich. Malala hatte Angst. Was, wenn ihrem Vater etwas zustoßen würde?

Andere Schulen wurden zerstört. Die Taliban brachen in Häuser ein. Sie suchten nach „illegalen" Büchern. Sie zerstörten Fernsehgeräte und Videospiele. Sie schlossen die Kinos und Orte, an denen die Menschen Musik hörten und tanzten.

Ärztinnen und Lehrerinnen verließen die Gegend, um an sichereren Orten Arbeit zu finden. Die Frauen gingen nicht mehr auf den Markt, und die Männer hatten Angst, weshalb viele Geschäfte geschlossen wurden. Männern war es nun nicht mehr erlaubt, sich zu rasieren. Also schlossen auch die Friseurläden.

Überall waren bewaffnete Männer zu sehen – Mitglieder der Taliban. Die Menschen hatten Angst, nach draußen zu gehen. Ziauddin hielt seine Schulen offen, aber viele Schüler fürchteten sich zu sehr vor den Taliban und blieben zu Hause.

Ende 2007 rückte die pakistanische Armee an, um die Taliban zu stoppen. Mingora und der größte Teil des Swat-Tals wurden zu einem Kriegsgebiet. Nachts und tagsüber gab es Bombenangriffe. Die meisten Menschen blieben in ihren Häusern. Aber einige Kinder gingen weiterhin zur Schule. Malala war eines von ihnen.

Die Kämpfe zwischen den pakistanischen Soldaten und den Taliban dauerten über lange Zeit des Jahres 2008 an. Nach vielen Monaten schien es, als würde die Armee gewinnen. Alle hofften, dass die Taliban für immer verschwinden und dass das Leben bald wieder normal werden würde.

Die pakistanische Armee zog aus dem Swat-Tal ab.

Aber die Taliban waren nicht verschwunden. Bald begannen die Drohungen im Radio wieder. Menschen, die Befehle nicht befolgten, wurden hart bestraft. Geschäfte wurden niedergebrannt. Bis Ende 2008 wurden mehr als 150 Mädchenschulen in Mingora zerstört.

Malala erkannte, dass ihre Schule in Gefahr war. Sie wusste aber auch, dass sie Glück hatte. Sollte ihre Schule geschlossen werden, würde ihr Vater sie weiter unterrichten. Er würde Mathematik- und Naturwissenschaftsbücher sowie Literatur für sie zum Lesen finden. Aber die meisten Mädchen in Mingora waren nicht in einer so glücklichen Lage wie sie. Was würde mit ihnen geschehen?

KAPITEL 5

EIN GEHEIMES TAGEBUCH

Im Dezember wurde Malalas schlimmste Befürchtung wahr. Die Taliban befahlen, dass die Mädchenschulen in Mingora nach der Winterpause nicht wieder öffnen durften. Wie die Taliban mitteilten, konnten die Jungen weiterhin zur Schule gehen, die Mädchen aber nicht. Malala und ihre Freundinnen waren am Boden zerstört. Konnte das wahr sein? Wie würde ihr Leben aussehen, wenn sie nicht zur Schule gehen durften?

Eines Tages bat ein BBC-Reporter, der in Pakistan lebte, Ziauddin um Hilfe. Die Urdu-Website der BBC suchte einen Lehrer, der etwas über die Schulschließungen in Mingora schreiben sollte. Ziauddin sprach mit einigen Lehrern, doch diese lehnten ab. Sie hatten Angst vor den Taliban. Über die Geschehnisse in ihrer Stadt zu schreiben, war viel zu gefährlich.

Malala hatte sich schon früher zu Wort gemeldet, was ihr großen Spaß gemacht hatte. Im September 2008 hatte sie eine Rede in einem örtlichen Club für Reporter gehalten. Der Titel ihrer Rede lautete: „Wie können es die Taliban wagen, mir mein Grundrecht auf Bildung zu nehmen?“ Zeitungen in ganz Pakistan druckten ihre Worte ab. Sie war froh, dass sie den Menschen sagen konnte, wie wichtig ihr das war. Sie hatte berichtet, woran sie glaubte, und es war nichts Schlimmes passiert.

Ziauddin war der Meinung, dass seine Tochter die perfekte Person sein könnte, um den Blog für die BBC zu schreiben. Er fragte Malala. Sie war erst elf Jahre alt. Sie hatte nicht viel Erfahrung im Schreiben von Tagebüchern, aber sie war bereit, es zu versuchen.

DIE BBC

Die British Broadcasting Corporation, zu Deutsch Britische Rundfunkgesellschaft, bekannt als BBC, hat ihren Sitz in London in England. Sie strahlt auf der ganzen Welt Fernsehsendungen, Radioprogramme und Webcasts aus. Dazu gehört auch die BBC America. Journalisten der BBC berichten in vielen verschiedenen Sprachen über die Nachrichten aus allen Ländern. Malalas Blog-Tagebuch, Diary of a Pakistani Schoolgirl (Tagebuch einer pakistanischen Schülerin), wurde ursprünglich auf der Urdu-Website der BBC veröffentlicht.

Malalas Eltern sprachen mit dem Mann von der BBC darüber. Alle wussten, dass Malala ihre Aufgabe gut machen würde. Dennoch gab es viel zu bedenken.

Malala hatte Angst, dass ihrem Vater etwas Schlimmes zustoßen könnte, wenn sie den Blog schrieb. Der Mann von der BBC machte sich ebenfalls Sorgen um Ziauddin. Er machte sich auch Sorgen um Malala.

Ziauddin war nicht um Malala besorgt. *Niemand würde einem Kind etwas antun,* dachte er. Das schien unmöglich. Absolut undenkbar.

Der Mann von der BBC sprach viele Male mit Malala und ihren Eltern. Schließlich wurde beschlossen, dass sie den Blog schreiben würde, allerdings unter einer Bedingung. Sie würde einen falschen Namen verwenden.

Malalas Blog sollte *Tagebuch einer pakistanischen Schülerin* heißen. Sie würde den Namen Gul Makai verwenden. Dies war der Name eines starken Mädchens in einem berühmten paschtunischen Volksmärchen. Malala schrieb Notizen und las sie dem Reporter jeden Tag am Telefon vor.

Sie erzählte ihm, wie sie und ihre Freundinnen sich fühlten und was zu Hause und in der Schule geschah. Der Reporter stellte ihre Worte auf die Website.

Die BBC-Website veröffentlichte ab dem 3. Januar 2009 das *Tagebuch einer pakistanischen Schülerin* in Urdu und auf Englisch. Weitere Blogbeiträge folgten. Malala berichtete davon, wie sie sich auf die Schule vorbereitete und für ihre Prüfungen lernte. Und sie teilte mit, dass alle Mädchen sich Sorgen machten, dass die Schule nach der Winterpause möglicherweise nicht wieder öffnen würde.

Nachts fanden oftmals Bombenangriffe statt, und die Mädchen hatten Angst. Sie hatten Angst, dass ihre Schule zerstört würde, wie so viele andere Schulen in Mingora. Doch die pakistanische Armee kämpfte gegen die Taliban. Vielleicht würde sie siegen und die Schule würde doch nicht geschlossen werden.

Zur gleichen Zeit drehte die New York Times einen Film über die Taliban, die den Swat-Distrikt übernommen und die Schulen für Mädchen in Mingora geschlossen hatten. In dem Film kamen auch Malala und ihr Vater vor. Sechs Monate lang durchstreiften die Kamerateams Mingora und filmten die Kämpfe zwischen der pakistanischen Armee und den Taliban-Kämpfern.

Überall waren Schüsse zu hören. Die Menschen versuchten verzweifelt, aus der Stadt herauszukommen. Verängstigte Männer, Frauen und Kinder kletterten auf die Dächer von überfüllten Bussen und Lastwagen, die die Stadt verließen.

Malala und Ziauddin berichteten über die Bomben, die Nacht für Nacht vor ihrem Haus explodierten und es unmöglich machten, zu schlafen. Malala erzählte, dass ihr Vater sie nicht mehr zur Schule begleiten konnte. Es war zu gefährlich für ihn, draußen gesehen zu werden. Sie mochte ihre blaue Schuluniform, sagte sie, aber jetzt konnte sie sie nicht mehr tragen. Die wenigen Schüler, die noch zur Schule gingen, trugen einfache Kleidung, damit die Taliban nicht merkten, wohin sie gingen.

Ihre Schule würde bald geschlossen werden, erklärte sie, während sie ihr Gesicht bedeckte und versuchte, nicht zu weinen. Sie wollte Ärztin werden. Dafür muss man viele Jahre lang studieren. Wie sollte sie jemals ihren Traum verwirklichen, wenn es keine Schule gab, die sie besuchen konnte?

Im Januar 2009 taten die Taliban genau das, wovor Malala sich so gefürchtet hatte.

Alle Mädchenschulen sollten am 15. Januar für immer geschlossen werden. Die Schulen für Jungen sollten geöffnet bleiben, aber die Mädchen mussten zu Hause bleiben.

Am 14. Januar, nach Schulschluss, verabschiedete sich Malala von Moniba und all ihren anderen Freundinnen. Niemand wusste, wie es weitergehen würde.

Malala verbrachte ihre Tage nun damit, zu lesen, sich mit ihren Brüdern zu streiten und mit dem BBC-Reporter zu sprechen.

Im Februar wurde *Tagebuch einer pakistanischen Schülerin* bereits in ganz Pakistan und in vielen anderen Teilen der Welt gelesen. Malala schrieb es bis zum 12. März weiter. Der Name Gul Makai wurde in der Swat-Region sehr bekannt. Die Leute fragten sich, wer das war. Malala verriet es niemandem.

Da Ziauddin Schulen für Mädchen gegründet hatte, wollten ihn viele Leute über die Geschehnisse im Swat-Tal befragen. Sie wollten auch mit seiner Tochter sprechen. Malala trat in einer pakistanischen Talkshow auf. Der Moderator stellte ihr Fragen über den Krieg und die Schulschließungen in Mingora.

Die meisten Menschen in Pakistan glaubten daran, dass Mädchen eine Schulbildung erhalten sollten. Deshalb waren sie bestürzt über die Geschehnisse im Swat-Tal. Viele hatten Malalas Tagebuch gelesen. Die Taliban-Führer mussten nun einfach zuhören! Im Februar schien es, als hätten die Taliban einen Sinneswandel vollzogen. Sie kündigten an, dass Mädchen wieder zur Schule gehen könnten. Malala und ihre Freundinnen konnten es kaum erwarten, den Unterricht wieder aufzunehmen. Doch obwohl einige Mädchenschulen geöffnet wurden, verschärften sich die Kämpfe in Mingora zunehmend. Es war gefährlich, sich in der Stadt zu bewegen. Viele Schülerinnen und Schüler blieben zu Hause. Andere verließen die Stadt mit ihren Familien.

Im Mai sah Ziauddin ein, dass er keine andere Wahl hatte. Er schloss seine Schulen wieder. Malala und ihre Familie packten, was sie konnten, und verließen eilig Mingora.

Die nächsten Monate verbrachten sie in den Häusern von Verwandten in sichereren Städten in der Nähe von Mingora. Malala vermisste ihre Bücher, ihre Freundinnen und vor allem ihre Schule. Aber sie war froh, von Mingora und dem Lärm der explodierenden Bomben weg zu sein.

Am 24. Juli kehrte die Familie Yousafzai schließlich nach Hause zurück. Mingora war nur noch eine zerbombte Hülle der Stadt, die sie einmal gewesen war. Der Krieg war vorbei, und die Taliban hatten sich in die Berge zurückgezogen. Das war gut so.

Aber die Taliban-Kämpfer wussten, wer Malala war. Sie hatte in der Öffentlichkeit gesprochen. Sie war im Fernsehen aufgetreten. Viele Menschen hatten ihr BBC-Tagebuch gelesen oder den Fernsehbericht der *New York Times* gesehen. Die Menschen sprachen über sie.

Im August wurde Malalas Schule endlich wieder eröffnet. Malala war zu sehr mit dem Lernen beschäftigt, um sich über die Taliban Gedanken zu machen. Sie hatte jetzt einen neuen Traum. Sie wollte Politikerin werden. Politiker arbeiten daran, Gesetze zu verabschieden, von denen sie glauben, dass sie ihrem Land zugutekommen. Malala wollte dafür sorgen, dass alle Kinder im ganzen Land die Möglichkeit haben, eine Ausbildung zu erhalten.

KAPITEL 6

„WER IST MALALA?"

Im Herbst 2012 schien die Normalität wieder in Mingora eingekehrt zu sein. Die pakistanische Armee hatte die Taliban aus der Stadt vertrieben. Die Straßen waren wieder voller Motorroller und Rikschas. Kinder spielten draußen Kricket. Das Kino und die Friseurläden hatten wieder geöffnet. Einige von Malalas Lieblingssendungen liefen wieder im Fernsehen.

Viele Schulen waren wieder aufgebaut worden, und die Mädchen von Mingora waren in ihre Klassenzimmer zurückgekehrt.

Malala war berühmt geworden. Im Jahr 2011 hatte die niederländische Stiftung KidsRights sie für den Internationalen Kinder-Friedenspreis nominiert. Der Preis wird jedes Jahr an ein Kind verliehen, „dessen mutige oder anderweitig bemerkenswerte Taten und Gedanken einen Unterschied bei der Bekämpfung von Problemen gemacht haben, die Kinder auf der ganzen Welt betreffen."

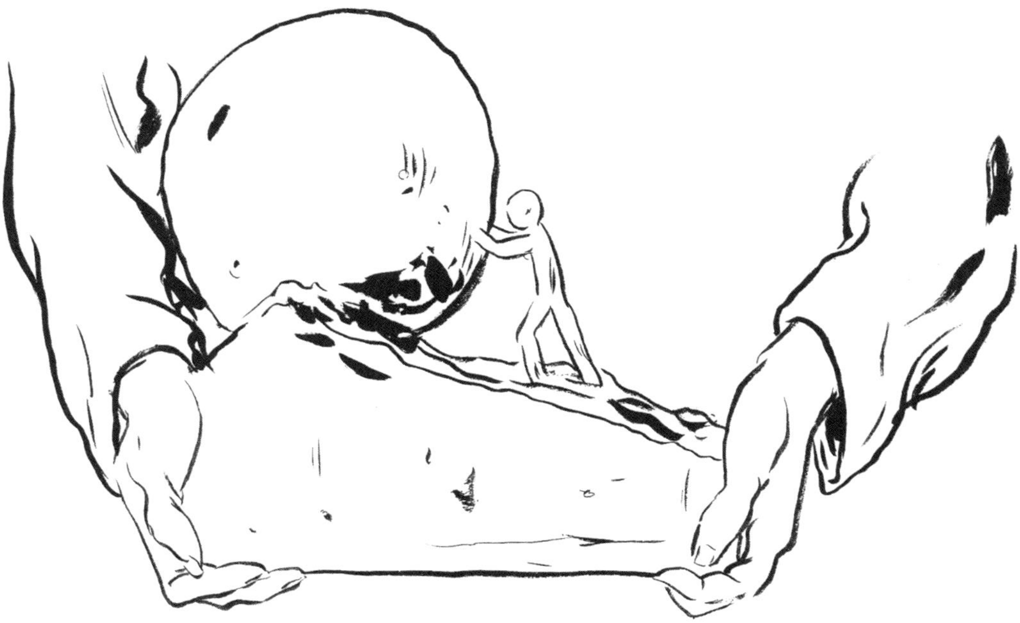

Malala gewann den Preis in diesem Jahr zwar nicht, aber es war eine Ehre, einfach nur anerkannt zu werden.

Im selben Jahr führte der pakistanische Premierminister den Nationalen Friedenspreis der Jugend ein. Er sollte jedes Jahr an Kinder unter achtzehn Jahren verliehen werden, die sich ganz besonders für den Frieden eingesetzt hatten. Malala wurde mit dem Preis ausgezeichnet. Später wurde der Name des Preises in Nationaler Malala-Friedenspreis geändert.

Ihre Familie war stolz auf sie, aber sie hatte mittlerweile Angst bekommen. Malala ging nur noch selten zu Fuß zur Schule oder von der Schule nach Hause. Jeder wusste, dass die Taliban-Kämpfer nicht weit weg waren. Sie waren irgendwo da draußen, in den Hügeln rund um Mingora. Niemand konnte wissen, was sie als Nächstes tun würden.

Am 9. Oktober 2012 war Malala glücklich und stolz, als sie mit ihren Freundinnen in den kleinen Schulbus stieg.

Sie hatte fleißig für eine Klassenarbeit gelernt und war der Meinung, dass sie eine gute Arbeit geschrieben hatte. Es war ein warmer Herbsttag, und die Blätter fingen an, sich rot, braun und gelb zu färben. Malala war fünfzehn Jahre alt.

Malalas kleiner Bus war eigentlich gar kein Bus. Es war eher ein Pickup mit drei Sitzreihen und einem Dach. Die Seiten waren verschlossen, aber der hintere Teil des Busses war größtenteils offen. Der Bus war voll mit Schülerinnen und drei Lehrern. Malala saß neben ihrer Freundin Moniba. Alle sangen und unterhielten sich über Klassenarbeiten. Plötzlich hielt der Bus an, und ein Mann mit einer Pistole lehnte sich in den hinteren Teil des Busses.

„Wer ist Malala?“, fragte der Mann.

Einige der Mädchen blickten zu Malala. Der Mann folgte ihren Blicken. Er wusste, dass das Mädchen, das sie ansahen, dasjenige sein musste, nach dem er suchte.

Der Mann richtete die Waffe auf Malala und drückte ab.

Malala erinnerte sich kaum an das, was danach geschah. Sie wusste nicht mehr, dass ihr in den Kopf geschossen worden war. Sie erinnerte sich weder an den Hubschrauber, der sie in das Militärkrankenhaus in Peshawar, Pakistan, flog, noch an die Ankunft ihres Vaters oder an die Operation, die ihr das Leben rettete.

Sie war sich nicht darüber im Klaren, wie schlecht es ihr nach der Operation ging, und auch nicht über die

Reaktion auf das, was geschehen war. Vor dem Krankenhaus versammelten sich Reporter, und Malalas Bild erschien in Zeitungen auf der ganzen Welt. Ein einheimischer Taliban-Mann habe auf Malala geschossen, hieß es in den Artikeln.

Die Nachricht empörte alle, zuerst in Pakistan, dann auf der ganzen Welt. Niemand konnte begreifen, dass ein junges Mädchen niedergeschossen worden war. Dass ein muslimisches Kind so verletzt wurde, war unvorstellbar.

Malala war nun auf der ganzen Welt berühmt. Einige der Geschichten über sie klangen fast zu schön, um wahr zu sein. Aber Malala war ein ganz normales Mädchen. Sie hörte gerne Justin-Bieber-Songs. Ihre Lieblingsfarbe war pink. Sie hasste es, morgens früh aufzustehen.

Sie verbrachte viel Zeit damit, sich verschiedene Frisuren zu machen. Sie wünschte sich, sie wäre nicht so klein. Und sie ging wirklich gerne zur Schule – wie Milliarden anderer Kinder auch. Doch ihre Liebe zum Lernen war der Grund, warum man auf sie geschossen hatte.

Malala war am Leben, aber sie war sehr krank.

Alle im Krankenhaus machten sich Sorgen um sie. Die Operation war erfolgreich verlaufen. Dennoch wussten die Ärzte, dass sie die bestmögliche Behandlung brauchen würde, um sich vollständig zu erholen. Malala wurde in ein größeres Krankenhaus in Pakistan geflogen. Daran erinnerte sie sich auch nicht.

Bald ging es Malala so gut, dass sie erneut verlegt wurde – diesmal in ein Krankenhaus in Birmingham in Großbritannien, das sich auf Verletzungen wie die ihre spezialisiert hat.

KAPITEL 7

ALLES, WAS ICH WILL, IST BILDUNG

Am 16. Oktober wachte Malala auf. Eine Woche zuvor hatte sie noch in einem Schulbus in Mingora gesungen. Jetzt war sie in England, mehr als sechstausend Kilometer von zu Hause entfernt. Nichts kam ihr bekannt vor.

Malala schaute sich um und stellte fest, dass sie sich in einem Krankenhaus befand. Die Ärzte und Krankenschwestern sprachen Englisch.

Malala konnte nicht sprechen, denn die Ärzte hatten ihr einen Schlauch eingeführt, um ihr das Atmen zu erleichtern.

Jemand brachte ihr eine Tafel, auf der das Alphabet stand. Malala schaffte es, zwei Wörter zu buchstabieren, indem sie mit ihrem Finger auf sie zeigte: *Land und Vater.*

Man sagte ihr, dass sie in England sei. Ihr Vater würde bald mit dem Rest ihrer Familie nachkommen.

Ein paar Tage später wurde ihr Atemschlauch entfernt. Die Ärzte wussten nicht, ob sie in der Lage sein würde zu sprechen. Alle warteten gespannt ab. Jemand, der Urdu sprach, wurde hinzugezogen. Malala begann, Fragen darüber zu stellen, wo sie war und was passiert war. Sie erinnerte sich daran, im Schulbus gesessen zu haben, aber das war auch schon alles. Würde ihre Mutter kommen? Ihre Brüder? Wann würden sie ankommen?

Die Ärzte waren überglücklich, dass sie sprechen konnte. Aber es würde lange dauern, bis Malala wieder vollkommen gesund würde. Sie konnte ihr Gesicht nicht richtig bewegen. Ihr Gehör war geschädigt. Sie würde weitere Operationen benötigen.

Als ihre Familie ankam, wurde diese in einer Wohnung in der Nähe des Krankenhauses untergebracht.

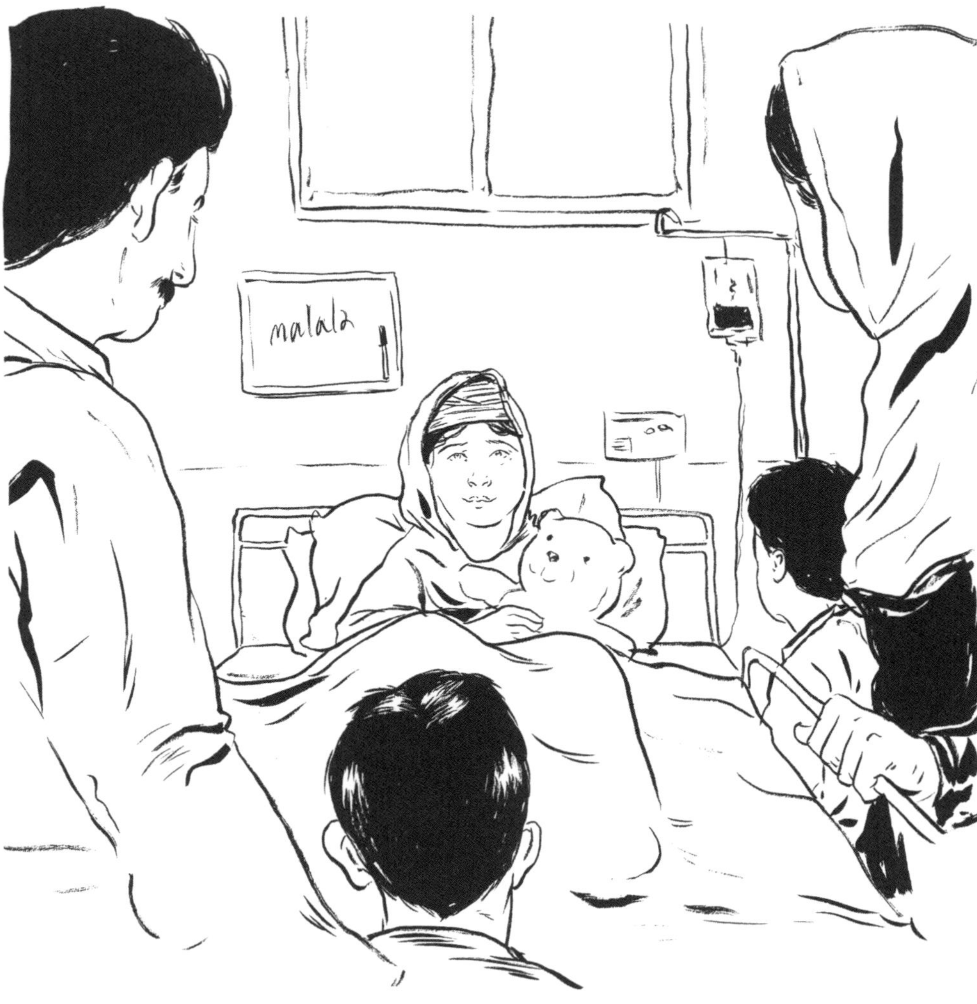

Später, als Malala die Klinik endlich verlassen konnte, zogen sie in ein größeres Haus in Birmingham, nicht weit entfernt von der neuen Schule, die Malala besuchen sollte.

Um gesund zu werden, brauchte Malala monatelang Bewegungstherapie und spezielle Trainingseinheiten. Sie musste Spaziergänge machen, zunächst kurze, dann immer längere.

Manchmal war sie traurig, wenn sie durch die Straßen von Birmingham ging. Sie vermisste ihre Heimat in Pakistan. Hier war alles so anders. Die Kleidung, das Essen, die Geschäfte, das Wetter. Die Menschen waren freundlich, aber es waren neue Freunde, die ihre Erinnerungen und Geschichten nicht teilten. Wenn sie nicht in der Schule war oder Hausaufgaben machte, sprach Malala mit Moniba und ihren anderen Freundinnen über Skype auf ihrem neuen Computer.

Malala fragte sich, ob sie Pakistan jemals wiedersehen würde.

Auch für den Rest der Familie war es schwierig. Pakistan zu verlassen, war so schnell gegangen. Sie hatten keine Zeit gehabt, ihre Lieblingssachen zu packen. Sie vermissten all die Besucher, die sie in ihrem Haus in Mingora empfangen hatten. Sie vermissten es, den Sonnenuntergang über den Bergen zu beobachten. Sie fühlten sich jetzt sicher, aber sie waren auch einsam. Alle fragten sich, wann sie ihr Heimatland wiedersehen würden.

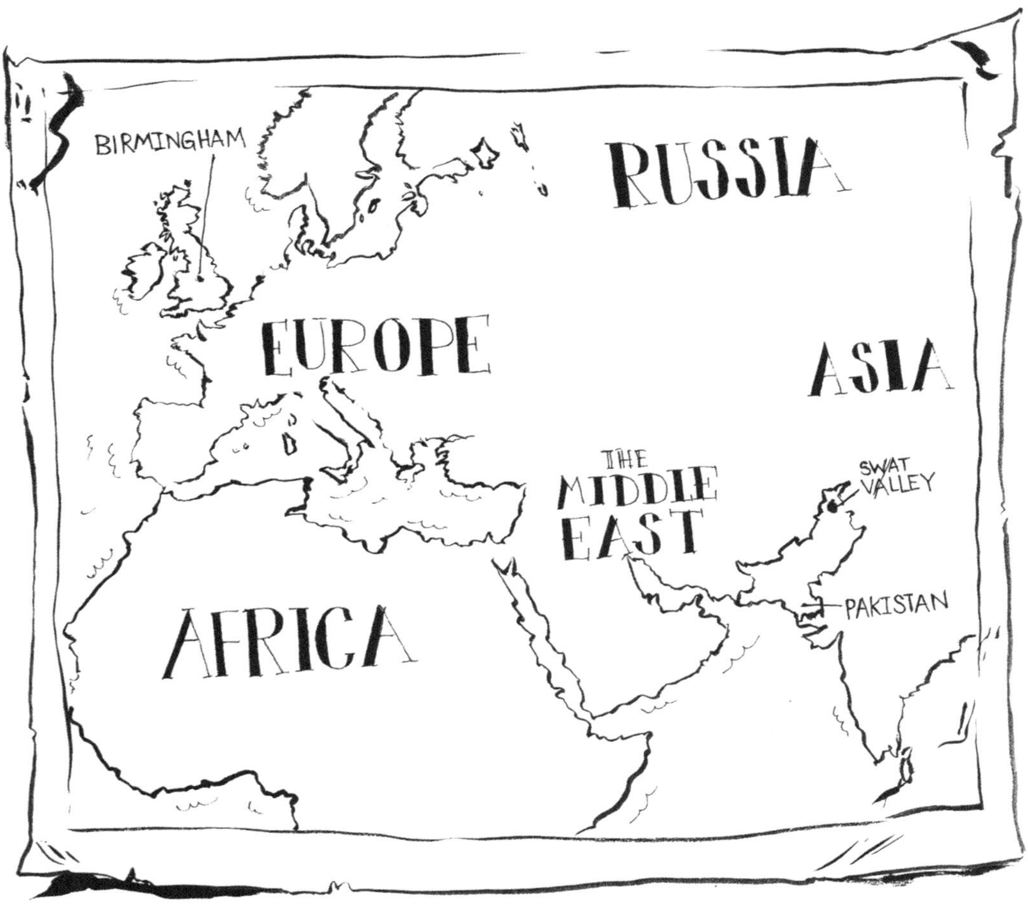

KAPITEL 8

ALLE FRAUEN, ALLE JUNGEN, ALLE MÄDCHEN

Die Nachricht von dem Anschlag auf Malala ging schnell um die Welt. Weltweit waren die Menschen entsetzt. Dieses junge Mädchen hatte nur zur Schule gehen wollen. Sie hatte ein Tagebuch geschrieben. Sie hatte sich zu Wort gemeldet. Sie hatte die Welt gebeten, ihr zu helfen, eine Ausbildung zu bekommen. Dafür hätte sie beinahe ihr Leben verloren.

BAN KI-MOON

Einen Monat später, im November 2012, erklärte Ban Ki-moon, der Generalsekretär der Vereinten Nationen (UNO), den 12. Juli 2013, Malalas sechzehnten Geburtstag, zum Malala-Tag bei den Vereinten Nationen.

Malala wurde eingeladen, vor der Jugendversammlung der UNO in New York City zu sprechen. Jedes Jahr treffen sich junge Menschen aus der ganzen Welt mit UN-Diplomaten. Sie diskutieren darüber, was getan werden kann, um Kindern in ihren jeweiligen Ländern zu helfen, die schon in sehr jungem Alter zu harter Arbeit gezwungen werden, und sie sprechen darüber, wie jungen Mädchen, die zur Heirat gezwungen werden, geholfen werden kann. Die Diplomaten erhalten auch Informationen über Kinder wie Malala, denen verboten wird, zur Schule zu gehen.

Im Sommer 2013 war Malala gesund genug, um in die Vereinigten Staaten von Amerika zu reisen. Sie hatte sich neun Monate lang von ihren Verletzungen erholt. Die Operation an ihrem Gesicht war erfolgreich verlaufen. Auch eine Operation zur Verbesserung ihres Gehörs war erfolgreich durchgeführt worden. Malala war bereit, der Welt zu zeigen, dass ein Terrorist mit einer Waffe sie nicht aufhalten konnte. Sie würde weiterhin ihre Stimme erheben.

DIE VEREINTEN NATIONEN (UNO)

1945, am Ende des Zweiten Weltkriegs, waren sich die Nationen auf der ganzen Welt einig, dass sie einen Ort brauchen, an dem die Länder zusammenarbeiten können, um den Frieden zu erhalten. Diese Sicherung des Weltfriedens ist der Zweck der Vereinten Nationen, kurz UNO genannt. Es wurde damals beschlossen, dass das Hauptquartier der UNO in New York City angesiedelt werden sollte. Die berühmtesten Gebäude sind das hohe gläserne Sekretariatshochhaus und das kuppelartige Gebäude der Generalversammlung. Heute sind 193 Länder Mitglieder der Vereinten Nationen. Die Delegierten versammeln sich in der Halle der Generalversammlung. Sie befassen sich mit vielen Problemen der Welt – den Rechten der Kinder, der Armut, den Ländern, in denen Krieg herrscht. Sie hören verschiedenen Rednern zu und stimmen dann über ein Thema ab. Der Chef der Vereinten Nationen wird UN-Generalsekretär genannt.

Am 12. Juli 2013 traf Malala mit ihrer Familie am Hauptsitz der Vereinten Nationen ein, um an einer ganztägigen Veranstaltung teilzunehmen. Während der Eröffnungszeremonie sangen alle „Happy Birthday" für sie.

Der Saal war voll mit Diplomaten und fast eintausend jungen Menschen aus aller Welt. Als Malala das Podium betrat, standen sie auf und klatschten.

Malala begann zu sprechen. Sie sprach auf Englisch. Ihre Worte wurden über Kopfhörer in viele andere Sprachen übersetzt, damit sie jeder im Raum verstehen konnte.

„Die Taliban dachten, dass Kugeln uns zum Schweigen bringen würden, aber sie sind damit gescheitert", sagte sie. „Denn aus der Stille kamen Tausende von Stimmen. Die Terroristen dachten, sie könnten meine Ziele verändern und meine Ambitionen stoppen. Aber in meinem Leben hat sich nichts verändert – mit einer Ausnahme: Schwäche, Angst und Hoffnungslosigkeit sind gestorben, Stärke, Kraft und Mut wurden geboren."

Malala sprach über das, was ihr neun Monate zuvor widerfahren war. Sie hasste den Mann nicht, der auf sie geschossen hatte. Sie würde ihn nicht einmal erschießen, wenn sie eine Waffe hätte. Worauf sie sich konzentrieren wollte, war die Notwendigkeit, auf der ganzen Welt Frieden zu schaffen. Sie erwähnte Martin Luther King Jr., Mahatma Gandhi und Mutter Teresa, die friedlich für ihre Rechte gekämpft hatten.

MARTIN LUTHER KING JR.

Malala sagte: „Der Malala-Tag ist nicht mein Tag. Heute ist der Tag für alle Frauen, alle Jungen, alle Mädchen, die ihre Stimme erhoben haben, um ihre Rechte zu verteidigen.“

MAHATMA GANDHI

Mahatma Gandhi war ein großer Anführer. Er verbrachte sein Leben damit, den Menschen in Indien zu helfen. Indien wurde zu dieser Zeit von Großbritannien regiert. Viele Menschen wollten das ändern. Sie glaubten, dass Indien sich selbst regieren sollte. Einige meinten, Indien sollte gegen Großbritannien in den Krieg ziehen. Aber Gandhi glaubte nicht an Krieg. Er glaubte nicht an Gewalt. Er war der Meinung, dass der Wandel auf friedliche Art und Weise erfolgen sollte, zum Beispiel indem die Menschen ihre Stimme erhoben. Daher organisierte er friedliche Märsche, und immer mehr Menschen schlossen sich ihm an. Sie gingen nicht mehr zur Arbeit. Sie hörten auf, britische Produkte zu kaufen.

1947 wurde Indien ein freies Land. Die Menschen jubelten auf den Straßen. Sie jubelten Gandhi zu, ihrem großen Anführer. Fortan nannten sie ihn den Vater der Nation.

Ihr Vater schaute stolz aus der ersten Reihe zu. Neben ihm wischte sich ihre Mutter die Tränen aus den Augen, als sie ihrer Tochter zuhörte. Wie ihr Mann hatte auch Toor Pekai immer an die Bildung von Mädchen geglaubt.

Doch Malalas Kampf für die Rechte von Frauen und Mädchen hatte auch sie verändert. Toor Pekai ging jetzt zur Schule. Sie hatte lesen und schreiben gelernt. Sie lernte fleißig, Englisch zu sprechen. Malala half ihr bei den Hausaufgaben.

MUTTER TERESA

Mutter Teresa war eine römisch-katholische Nonne, die ihr Leben der Hilfe für die bedürftigsten Menschen in Indien widmete. Die meisten dieser Menschen waren sehr arm. Einige waren zu krank, um gehen zu können. Mutter Teresa gründete eine Schule in der Stadt Kalkutta (die heute Kolkata heißt) und unterrichtete jedes Kind, das lernen wollte. Sie eröffnete ein Krankenhaus, wo auch Menschen behandelt wurden, die nicht zahlen konnten.

Sie besorgte Essen für alle, die hungrig waren, und hungerte oft selbst, damit diese Leute etwas zu essen bekamen. Aus ganz Indien kamen die Menschen zu ihr. Und niemand wurde jemals abgewiesen. 1979 wurde Mutter Teresa mit dem Friedensnobelpreis ausgezeichnet.

In dieser Nacht zeigten Nachrichtensendungen auf der ganzen Welt Filmausschnitte von Malalas Rede. Wie Gandhi, Martin Luther King Jr. und Nelson Mandela vor ihr hatte Malala eine friedliche Bewegung gestartet, die einen Wandel bewirken sollte.

„Bildung ist die einzige Lösung“, hatte sie gesagt. „Bildung zuerst.“

NELSON MANDELA

KAPITEL 9

EIN MÄDCHEN MIT EINEM BUCH

Das Leben hatte sich für Malala sehr schnell verändert. Als sie elf Jahre alt gewesen war, hatte sie mit lokalen Reportern über die Geschehnisse in der Stadt Mingora gesprochen. An ihrem sechzehnten Geburtstag hörten die Menschen auf der ganzen Welt zu, als sie vor den Vereinten Nationen sprach. Drei Monate später wurde ihr Buch *Ich bin Malala* veröffentlicht, das zum Bestseller wurde. Auf der ganzen Welt wurden Exemplare dieses Buches verkauft, und im folgenden Jahr erschien eine kürzere Version für Kinder.

Am 10. Oktober 2014 gab das Nobelkomitee die Gewinner des Friedensnobelpreises bekannt.

Dieser Preis wird an Menschen verliehen, die etwas tun, um die Welt zu einem besseren Ort zu machen. Im Jahr 2014 wurde die siebzehnjährige Malala Yousafzai aus Pakistan ausgewählt, den Friedensnobelpreis gemeinsam mit einem weiteren Menschen zu erhalten.

Der andere Preisträger war Kailash Satyarthi, sechzig Jahre alt, aus Indien. Das Komitee ehrte die beiden „für ihren Kampf gegen die Unterdrückung von Kindern und Jugendlichen und für das Recht aller Kinder auf Bildung“.

KAILASH SATYARTHI

DER NOBELPREIS

Alfred Nobel war ein schwedischer Chemiker und Erfinder. Er wurde 1833 geboren und starb 1896. Er schrieb Theaterstücke und Gedichte. Außerdem erfand er das Dynamit und wurde sehr reich.

In seinem Testament verfügte er, dass der größte Teil seines Geldes an Menschen gehen sollte, die dazu beigetragen hatten, die Welt auf eine gute Weise zu verändern. Der Friedensnobelpreis sollte immer an jemanden verliehen werden, der sich am meisten für den Frieden eingesetzt hatte.

ALFRED NOBEL

Die Nobelpreise werden jedes Jahr für die größten Leistungen in den Bereichen Physik, Chemie, Medizin, Literatur, Wirtschaft und Frieden verliehen. Die Preisverleihung findet immer am 10. Dezember, dem Todestag von Alfred Nobel, statt.

Malala war die jüngste Nobelpreisträgerin aller Zeiten. Ihre Vorbilder, Martin Luther King Jr., Mutter Teresa und Nelson Mandela, hatten den Friedensnobelpreis in den Jahren vor ihr erhalten.

Als sie erfuhr, dass sie den Preis gewonnen hatte, saß Malala im Chemieunterricht in Birmingham. Es war 10:15 Uhr. Ein Lehrer kam in ihr Klassenzimmer und erzählte es ihr.

Und was tat Malala?

Sie blieb in der Schule. Sie ging zu ihrem Physik- und Englischunterricht. Sie beschloss, dass es ein normaler Tag sein würde. Aber natürlich war es kein normaler Tag!

Malala war glücklich darüber, dass sie sich den Preis mit Kailash Satyarthi teilte. Er stammte aus Indien und hatte sich sehr dafür eingesetzt, dass Kinder nicht in die Sklaverei verkauft wurden. In der Vergangenheit hatte es Spannungen zwischen Indien und Pakistan, Malalas Heimatland, gegeben. Vielleicht könnten sie künftig zusammenarbeiten, um die Freundschaft zwischen ihren Ländern zu fördern. Als sie hörte, dass sie gewonnen hatten, sagte Malala: „Die eine ist aus Pakistan. Der andere ist aus Indien. Er ist gläubiger Hinduist. Sie ist gläubige Muslima. Und das ist eine Botschaft an die Menschen, eine Botschaft der Liebe zwischen Pakistan und Indien und zwischen verschiedenen Religionen. Und wir beide unterstützen uns gegenseitig.

Es spielt keine Rolle, welche Hautfarbe man hat, welche Sprache man spricht, an welche Religion man glaubt. Es geht darum, dass wir uns alle als menschliche Wesen betrachten sollten."

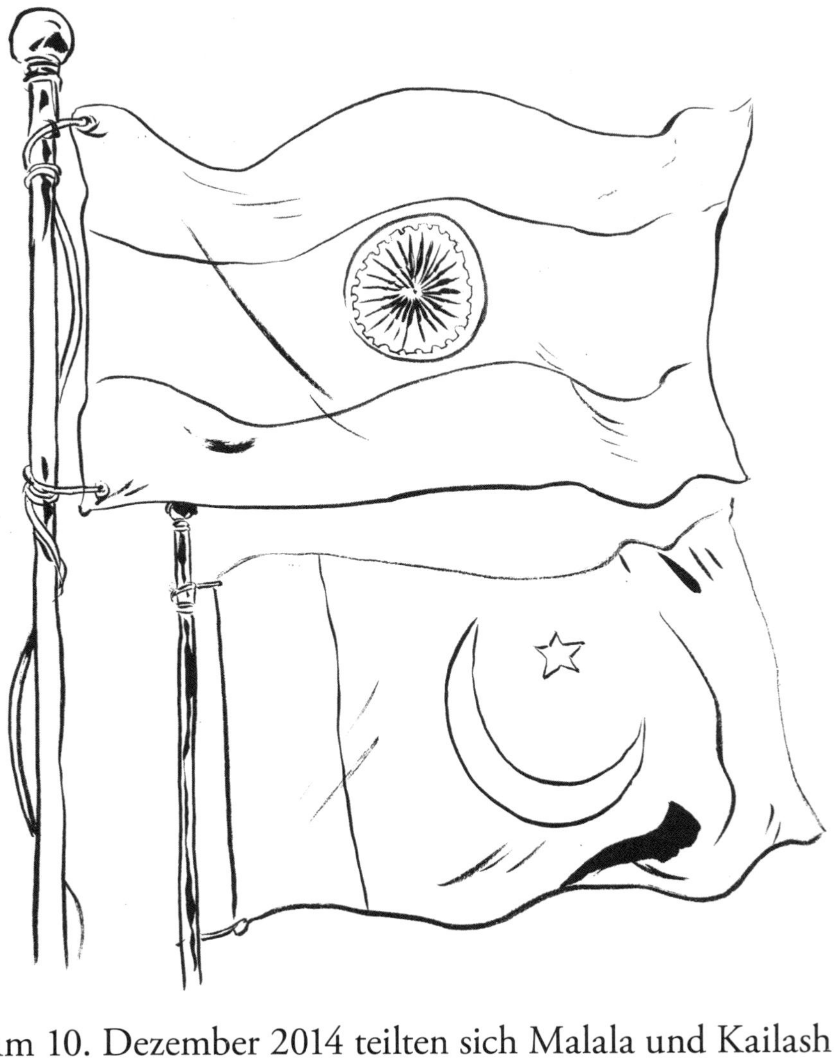

Am 10. Dezember 2014 teilten sich Malala und Kailash die Bühne bei der Nobelpreisverleihung in Oslo, Norwegen.

In ihrer Rede sagte Malala: „Dieser Preis ist nicht nur für mich. Er ist für all die vergessenen Kinder, die sich nichts anderes wünschen als Bildung. Er ist für all die verängstigten Kinder, die sich Frieden wünschen. Er ist für die Kinder ohne eine Stimme, die sich eine Veränderung wünschen."

KAILASH SATYARTHI

Kailash Satyarthi wurde in der Stadt Vidisha, im Zentrum Indiens, geboren. Als er ein Junge war, sah er viele Kinder, die nicht zur Schule gehen konnten. Ihre Familien waren sehr arm, und die Kinder mussten deswegen arbeiten. Manche von ihnen arbeiteten sehr viele Stunden lang in Fabriken. Andere wurden zum Arbeiten in weit entfernte Länder geschickt. Genau wie Malala ging auch Kailash sehr gerne zur Schule und konnte sich nicht vorstellen, nicht lernen zu dürfen. Er und ein Freund baten daher die Menschen, ihnen ihre alten Bücher zu schenken. An einem Tag sammelten sie fast zweitausend Bücher. Sie legten damit eine Bücherbank an, damit Kinder, egal ob sie reich oder arm waren, sich die Bücher ausleihen und sie lesen konnten. Als er erwachsen wurde, widmete Kailash sein Leben der Rettung kleiner Kinder, die zur Arbeit gezwungen wurden. Er rettete viele Tausende Kinder. 1998 organisierte er einen Marsch, um darauf aufmerksam zu machen, dass Kinder auf der ganzen Welt zum Arbeiten gezwungen werden, anstatt zur Schule gehen zu dürfen. Daran nahmen über 7 Millionen Menschen in 103 Ländern teil.

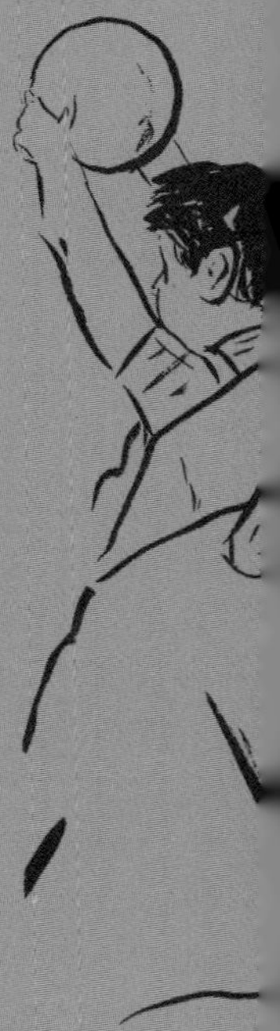

Wie alle Nobelpreisträger erhielt auch Malala eine Goldmedaille und ein Preisgeld. Ihren Anteil an diesem Geld – mehr als eine halbe Million Dollar – spendete sie der Malala-Stiftung, die Kindern auf der ganzen Welt hilft, eine Ausbildung zu erhalten. Die Malala-Stiftung sammelt Geld für den Bau und die Instandsetzung von Schulen. Sie sorgt dafür, dass es sichere Orte gibt, an denen junge Mädchen, die zur Arbeit oder zur Heirat gezwungen wurden, lernen und studieren können. Sie hilft Mädchen, für ihr Recht auf Schulbildung einzutreten.

Inzwischen sind Malalas Name und ihr Gesicht mit dem schüchternen, wunderschönen Lächeln auf der ganzen Welt bekannt. Sie hatte nie vor, berühmt zu werden. Es gab nur eine Sache, die Malala wirklich wollte. Es war etwas, das die meisten Kinder für selbstverständlich halten. Es war etwas, für das es sich zu kämpfen lohnte: das Recht, zur Schule zu gehen.

ZEITLINIE DES LEBENS VON MALALA YOUSAFZAI

1997	Malala Yousafzai wird am 12. Juli in Mingora, Pakistan, geboren.
2008	Sie spricht mit lokalen Reportern über die Schließung von Mädchenschulen in Mingora.
2009	Der Blog *Tagebuch einer pakistanischen Schülerin* wird auf der Urdu-Website der BBC veröffentlicht.
	Schließung von Mädchenschulen in Mingora durch die Taliban
2011	Verleihung des Nationalen Friedenspreises der Jugend Pakistans
2012	Wird am 9. Oktober von den Taliban angeschossen.
	Die Familie zieht nach Birmingham, England.
	Die Malala-Stiftung wird gegründet.
2013	Erhält den niederländischen KidsRights, den Internationalen Kinder-Friedenspreis
	Rede vor der Jugendversammlung der Vereinten Nationen am 12. Juli, ihrem sechzehnten Geburtstag. Der Tag wird bei den Vereinten Nationen zum Malala-Tag erklärt.
	Veröffentlichung ihrer Autobiografie *Ich bin Malala*.
2014	Verleihung des Friedensnobelpreises an Malala Yousafzai und Kailash Satyarthi aus Indien am 10. Dezember.
	Die Jugendbuchausgabe von *Ich bin Malala* wird veröffentlicht.
2017	Wird zur UN-Friedensbotschafterin ernannt.
2018	Malala beginnt ein Studium der Philosophie, Politik und Wirtschaft an der Universität Oxford in England.
2018	In Pakistan wird die erste Mädchenschule eingeweiht, die von der Malala-Stiftung gegründet wurde.
	Besucht zum ersten Mal wieder ihr Heimatland Pakistan.
2020	Schließt ihr Studium der Philosophie, Politik und Wirtschaft in Oxford ab.
2021	Wird für die Auszeichnung als WPC-Kinderrechtsheldin des Jahrzehnts 2022 nominiert.
2021	Heiratet Asser Malik am 9. November in Birmingham.

ZEITLINIE DER WELT

Prinzessin Diana kommt bei einem Autounfall in Paris ums Leben.	1997
Google wird gegründet.	1998
Nach den Wahlen im Jahr 2000 entscheidet der Oberste Gerichtshof der USA, dass George W. Bush der dreiundvierzigste Präsident der USA wird.	2000
Al-Qaida-Terroristen entführen vier Flugzeuge und verüben am 11. September Anschläge auf das World Trade Center und das Pentagon. Amelia Earhart fliegt als erste Frau allein über den Atlantik.	2001
Der Irakkrieg beginnt.	2003
George W. Bush tritt seine zweite Amtszeit an.	2005
Apple bringt das iPhone auf den Markt.	2007
Barack Obama wird zum ersten afroamerikanischen Präsidenten der Vereinigten Staaten gewählt.	2008
Die letzten amerikanischen Soldaten verlassen den Irak.	2010
Osama bin Laden, der Drahtzieher der Anschläge vom 11. September, wird von US-Spezialkräften in Pakistan getötet.	2011
US-Präsident Barack Obama wird wiedergewählt.	2012
Papst Benedikt XVI. kündigt seinen Rücktritt an, und Papst Franziskus wird das neue Oberhaupt der römisch-katholischen Kirche.	2013
Bewaffnete Taliban dringen in eine Schule in Peshawar, Pakistan, ein und töten mindestens 141 Menschen, vor allem Kinder.	2014
Donald Trump wird der 45. Präsident der Vereinigten Staaten.	2017
Erste offizielle Friedensgespräche zwischen den USA und den Taliban.	2019
Joe Biden wird zum amerikanischen Präsident der Vereinigten Staaten gewählt, und erstmals wird eine farbige Frau Vizepräsidentin: Kamala Harris.	2020
Abzug der letzten westlichen Soldaten aus Afghanistan.	2021

QUELLEN

Class Dismissed: Malala's Story, letzter Zugriff am 4. Januar 2015, http://www.nytimes.com/video/world/asia/100000001835296/class-dismissed-malala-yousafzais-story.html.

Gigliotti, Jim: *Who Was Mother Teresa?* New York: Grosset & Dunlap, 2015*

Malala Yousafzai: 'Our books and our pens are the most powerful weapons'. Letzte Aktualisierung 12. Juli 2013, Zugriff am 4. Januar 2015, http://www.theguardian.com/commentisfree/2013/jul/12/malala-yousafzai-united-nations-education-speech-text

Malala Yousafzai's speech at the Youth Takeover of the United Nations, Zugriff am 4. Januar 2015, https://secure.aworldatschool.org/page/content/the-text-of-malala-yousafzais-speech-at-the-united-nations/

Rau, Dana Meachen: *Who Was Gandhi?* New York: Grosset & Dunlap, 2014*

*Bücher für junge Leser

Websites

www.bbc.com

www.malala.org

www.nobelprize.org

www.npr.org